JN437126

그리운 강진만

강진군청 제공

강진 관광 지도

그리운 강진만

김재석 시집

문학들

시인의 말

병상에 누워 계신 어머님을 위하여 서둘러 두 권의 시집을 발간할 준비를 하였다. 『마량미항』은 어머님의 손에 쥐어 드렸으나 을미년 정월 초하루 어머님이 먼 길 떠나시는 바람에 『당당한 영랑생가』는 손에 쥐어 드리지 못했다. 아쉬움이 컸다. 어머님이 다른 것은 잘 몰라도 '영랑생가'는 확실하게 알고 있었기 때문이다.

어머님이 생을 보내신 '마당 좁은 집'에 대한 추억을 떠올리며 사십구제까지 '마당 좁은 집'에 대한 시를 쓰려 하였으나 마음뿐 접근하지 못했다. 대신 어머님의 고향인 정수사가 둥지를 틀고 있는 항동에 다녀왔다. 어머님의 탯자리인 '은행나무집'은 사라지고 없었다. 마을 초입의 당산나무에게 어머님의 안부를 전했더니 왜 부고하지 않았냐고 나를 다그쳤다. 당산나무에게 지천만 듣고 돌아왔다.

어머님의 사십구제를 기다리는 동안 삼년 시묘살이하는 셈치고 쓴 시집이 『그리운 강진만』이다. 사십구제를 일주일 앞당겨 탈고를 하였다. 4부의 몇 편의 시를 제외하고는 모두 다 어머님이 먼 길 떠나신 후에 쓴 시들이다. 내 생애 가장 짧은 기간에 가장 많은 시를 쓴 것이다. 어떤 시들은 문학성이 있고 어떤 시들은 스토리텔링에 가까운 시들이다. 두 가지를 겸한 시들도 있다.

옛날에는 춘곡을 지나 당재를 넘어 백련사를 만났지만 지금은 강진만 해창을 지나면 만날 수 있다. 강진의 자연과 문화를 스토리텔링한 시집들 『강진』, 『조롱박꽃 핀 동문매반가』, 『강진시문학파기념관』 그리고 『당당한 영랑생가』 곳곳에 강진만 관련 시들이 실려 있다. 이번엔 아예 '강진만 문화권'을 따로 설정하여 『그리운 강진만』이란 이름표를 달았다. 1부는 죽섬, 비래도, 까막섬 그리고 마량 쪽 강진만 주변 2부는 유인도인 가우도 3부는 귤동팔경 4부는 백련사, 귤동마을, 다산초당 그리고 도암 쪽 강진만 주변 관련 시를 실었다. 나중에 쓴 『그리운 강진만』이 앞서 쓴 '강진' 관련 시집들보다 먼저 출가하게 되었다. 낯짝이 두꺼운 건가, 성질이 급한 건가.

여전히 강진의 자연과 문화와 관련된 이미 탈고한 시집들이 햇빛을 보기를 기다리고 있다. 『비치빛 하늘가마로 구운 시』, 『달마지 마을』, 『백운동 별서』들이 서립에 처박혀 이따금 투덜거린다. 그렇지만 『그리운 강진만』을 먼저 출간해야 하는 이유를 이 시집들은 알고 있기에 나를 이해할 것이다. 이 시집을 어머님의 사십구제에 바친다.

2015년 봄

김재석

차례

제2부 가우도

제3부 귤동팔경橘東八景

제4부 비 내리는 동암東菴

제1부 고니를 위하여

© 김종식

고니의 비상

고니를 위하여

강진만을 떠난 고니가
돌아올 때가 되어도
돌아오지 않으면
갈대들의 비명에 잠 못 이룬
죽섬이 고니를 찾아 떠날 것이다

죽섬이 고니를 찾아
강진만을 떠나는데
가우도가 가만히 앉아 있겠는가
날개를 단 가우도가
고니를 찾아 어딘가로 날아갈 것이다

아무리 덩치가 작다고
비래도는 가만히 앉아서
구경만 하고 있겠는가
깊은 바다에 잠기는 한이 있더라도
고니를 찾아 나설 것이다

바다의 고삐를 조였다 늦췄다 하는
큰까막섬과 작은까막섬은
바다의 고삐를 놓지 못하고
죽도, 가우도, 비래도 아우들 생각에
발을 동동 구를 것이다

해창海倉의 밤

잠 못 이루는
마당 좁은 집에서 만난 별들이
해창 바닷가로
나를 불러냈다

나를 불러낸 별들은
막상 무슨 말을 건네지 못하고
나를 쳐다볼 뿐
말문을 열지 않았다

잠들지 않으려
자신의 뺨을 찰싹찰싹 때리는
밤눈이 밝은 바다가
나를 눈여겨보았다

저만치 어둠 속에서
한 마리 짐승인 죽섬은
잠들지 못하고

엎치락뒤치락하고 있었다

백련사 앞마당으로
무위사 앞마당으로
나를 불러내지 않고
해창으로 불러낸 이유는

깨어 있을 때도
잠이 들려 할 때도
잠이 들었을 때도
바다는 제 뺨을 때리는 것을

지금 입을 봉하고 있는
저 별들이 나를
해창 바닷가로 불러낸 것은
뭔가 단단한 이유가 있을 것이다

그리운 강진만

의자에 기댄 그리움이
가슴에 손을 얹고
두 눈을 감으니
요니의 바다, 강진만이 밀물져 와야

해창 앞바다
갈대밭과 고니 떼가
연꽃봉오리 뺨치는 죽섬을
하염없이 바라보고 있는 것을

반반한 죽섬의 어깨 너머로
바다를 활주로 삼은
꿈 많은 가우도가
날개를 활짝 펴고 있는 것을

덩치는 작아도
누구보다 당당한 비래도의
등 뒤에

주작과 덕룡이 딱 버티고 있는 것을

둘이어서
외롭지 않은 까막섬이
바다의 고삐를
하나씩 나눠 쥐고 있는 것을

의자에 기댄 그리움이
가슴에서 손을 떼고
두 눈을 뜨니
요니의 바다, 강진만이 뒷걸음쳐야

죽섬

일제강점기가 무슨 짓을 하였는지
인공이 무슨 짓을 하였는지
모두 다 지켜본
죽섬이 욕을 먹고 있다,
거만하다고

나와 마주친
다산초당 가는 길들이
백련사 가는 길들이
눈길을 줘도
눈길 한 번 안 준다고

나와 죽섬은 눈빛을 주고받으며
무난하게 지내고 있는데
까마귀처럼 나쁜 소식을 전할 수도 없고
듣지 말아야 할 소리를
괜히 들어가지고 성가시다

죽섬이
실지로 거만하게 군 건지,
오해를 산 건지

너무
반반하여
거만하게 보인 건 아닌지

고려왕조 오백 년이 무슨 짓을 하였는지
조선왕조 오백 년이 무슨 짓을 하였는지
모두 다 지켜본
죽섬이 욕을 먹고 있다,
거만하다고

비래도飛來島

전설 따라 바다 가까이
비래도는 찝찝하다

큰까막섬,
가우도,
죽도
兄弟들이
덩치가 너무 다르니

남들이
뒤에서
애비가 다르다
수군거릴까 봐
걱정이다

다행히
작은까막섬,
외호도,

내호도,

홀애비섬이

위안을 주긴 하지만

전설의 섬,

비래도는 찝찝하다

홀애비섬

한번 홀애비섬은 영원한 홀애비섬인가

혼자 살아도
이루 다 말할 수 없을 정도로
깨끗하게 살았는데
이제 맘대로 드나들 수 있게 되었으니
잘못하단 몸 다 버리겠다

혼자 사는 것이
안 돼 보여
새 장가 보내듯 연육을 시켰지

용불용설이라고
너무 오래 쓰지 않아
사용불가이니
아예 누구 하나 잡을 생각을 안 하나

속도 모른

누군가가
홀애비섬에게 구애한 적은 없었을까

한번 홀애비섬은 영원한 홀애비섬이
맞지

내호도·외호도

한번쯤
너희들도
왕후장상의 씨가 따로 없다며
들고 일어났어야
했는데

너희들도
우리는
우두봉과 구강포의 자식이 아니냐며
따졌어야
했는데

내호도,
외호도

없는 듯이
있는

있는 듯이

없는

바다와 섬

1

바다는
고삐 매인
짐승

섬은
말뚝

2

하루에
두 차례

고삐를 늦췄다가
고삐를 조였다가

반복하는
손은

까막섬

언젠가는
반반한
거시기 두 쪽이 나를 맞이하더니

오늘은
당당한
머시기 둘이 나를 맞이하다니

거시기 두 쪽이든
머시기 둘이든
눈에 담아만 가도 남는 장사이지

눈 밝은
마량미항이
못 본 척 눈감아 주다니

다들
눈에 담아 가라고,
무상으로

탐진강耽津江

요니의 바다, 강진만이
목이 마르면
그대가 찾아가 목을 축여 주지

목이 대개 마른 강진만이
그대가 찾아와
목을 축여 주는 것에
만족하지 못하고
성질 급하게 그대를 찾아오기도 하지

백금포 지나
석교에 덜미 잡힌 강진만이
더 이상 오르지 못하고
숨을 헐떡일 때
그대가 반가이 맞아 주지

가슴까지 목마름을 채운 강진만이
물러나면

강진만과 한 몸이 된 그대가
강진만을 따라가
강진만이 낳은 섬들을 만나는 걸

마음씨 넉넉한 그대가
어디 목만 축여 주겠는가,
굶주린 강진만의 배를 채워 주고
강진만이 원하면
몸도 마음도 다 주는 걸

결국 그대가 목마를 때
냇물이 그대의 목을 축여 주듯
목마른 강진만의 목을
그대가 축여 주지

백금포白金浦

– 갈대들의 눈빛 전언

바다가 짐승이란 걸
사람들에게
확실하게 보여준 곳이
바로 백금포이지

바다가
어깨동무하고 떼 몰려와
강물을 꿀꺽꿀꺽 삼키니
다들 겁이 나 뒤로 물러서더라고

도정공장이 유세 부리는 이곳이
이순신 장군이
인증샷 날리고 갈 때는
백금포 아닌 군령포였지

군령포를
백금포로 개명한 일제가
작천 들판의 곡식을 수탈해 가려고

까치내재에 도로를 낳은 거여

八不出이란 말 들을지라도
백금포가 자신이 낳은 석빙고를
자랑하는 것은
호남 유일이기 때문이지

목리牧里

– 갈대

갯벌의
갈대들이
저리
조숙한 것은

강물과
바닷물이 만나
하는 짓을
지켜봤기 때문이여

너무
이른 나이에
지켜봤기 때문이여

어디
그뿐인가

바닷새들이

하는 짓도
지켜봤기 때문이여

남포南浦

한때 바다의
버스터미널이었지

바다의 직행버스,
바다의 완행버스,
바다의 군내버스가 드나들었지

그 당시는
바다의 직통버스는 없었지

가우도 – 비래도 – 복도 – 사후도 – 가리포 – 백일도
사서도 – 제주도 화북 방호소 포구

남포는 제주의 안부가 그립고
제주는 남포의 안부가 그립고

남포가
제주의 안부만 그립겠는가

개성은
한양은
목포는
여수는
고흥은

우암이
임제가 탄
바다의 버스가
직행이었나,
완행이었나

이제는
바다의 버스터미널은 사라지고
갈대들만
옛추억을 되새기고 있네

사비강思妣江

– 합섬 근처

강은 사라졌어도
이름은 살아남는 것을

그냥 살아남는 게 아니라
숭고한 뜻을 지닌
이름으로 살아남는 것을

생각할 사思,
죽은 어머니 비妣,
강 강江

합섬 근처에서
어버이를 위해 고기를 잡고
아픈 어머니를 위해
뗏목을 타고 읍에 가 약을 구해 온
마씨馬氏 효자들 덕에
사비강思妣江은 태어났다며

강은 사라졌어도
숭고한 뜻은 살아남아
누군가의 입에 오르내리는 것을

* 합섬 : 군동 하신에서 연화동 가는 길 오른쪽 간척지에 있는 조그만 동산이다. 이 지역은 탐진강과 바다가 만나는 지점이다.

송산松山·연화동蓮花洞

또랑 하나를 사이에 두고
송산은 칠량이고
연화동은 군동이었지
지금은 또랑마저 덮개 공사를 하여
골목 하나를 사이에 두게 되었지
어깨동무하지 않아도
송산과 연화동은 한 형제나 다름없지
송산은 외조부, 외조모, 외숙모 묘와
탄일종이 땡땡땡 우는 아이 들린다를
내 머릿속에 넣어 준 송산교회
연화동은 외갓집,
외할머니의 찹쌀 독에 나를 기다리던
홍시
백련도 홍련도 아닌 가시연꽃으로
생을 마친 외삼촌
멀리 경상도 울산에
민들레 홀씨로 뿌리 내린
외사촌들

송산에 솔잎은 여전히 푸르나
연꽃 빼다 박은 동산 아래
외갓집의 주인은 바뀐 지 오래
송산·연화동 생각하며
삐긋이 웃고 싶어도
웃지도 울지도 못하지, 나는

영풍永豐·만복萬福

청주淸州 김씨金氏 자가일촌인
영풍과 만복을 함께 이야기해야 하니
마음이 무겁다
바닷가에 살면 누구에게나 다
바다가 화수분인 줄 알았더니
그게 아녀
탐진댐 공사로 이 동네 앞바다는
다 불임이라
아무것도 없다잖은가
탐진댐이 그 많던 바지락, 꼬막, 석화
다 잡아먹어 씨가 말랐다니
수도작水稻作으로 밭농사로
겨우 연명하고 있다니
위기에 처한
죽섬 앞바다를 위하여
형제간인
가우도가
비래도가

까먹섬이
외호도가
내호도가
홀애비섬이
큰까막섬이
작은까막섬이
들고 일어날 줄 알았더니
다들 꼼짝달싹 않고 있으니,
말은 더 큰일을 위해서라며
바닷가에 살면 누구에게나 다
바다가 화수분인 줄 알았더니
그게 아녀

사부沙富

옹기甕器로
조선왕조 오백 년을 책임진 이가
봉황뿐만 아니라
사부도 책임졌다는 걸 뒤늦게 알았네
봉황 혼자 책임지기가
쉽지 않을 거라 생각했더니
과연 사부도 크게 기여한 것을
지금은 봉황에게 맡기고
사부는 아예 손을 놓아 버렸다며
눈앞의 반반한 죽섬이 하는 짓을 보았으면
바다 건너 만덕산 아래
일체유심조의 백련사가
이용후생의 다산초당이
이따금 오며 가며 가르침을 주었으면
세상을 그냥 그저 살아가진 않으리
생각이 깊은 봉황과 어깨동무한 사부가
아무 생각 없이
그냥 그저 살아가겠는가

아무리 바다가 화수분河水盆이어도
부지런하지 않으면 마음을 주지 않는
화수분이란 걸 모를 리가
하지만 화수분도 탐진댐으로
불량품으로 변해 가고 있다지
봉황과 어깨동무한 사부도
옹기甕器로 조선왕조 오백 년을
책임졌다는 걸 뒤늦게 알았네

봉황鳳凰

길 좌우에 사열하듯 구경 나온 듯 서 있던 옹기들은 다 어디 갔나

조선왕조 오백 년을 뒷바라지한 멀리 개성까지 책임진 돛대들은 다 어디 갔나

이제는 눈앞의 죽섬이 개명할 위기에 처해 있다고 밤새 엎치락뒤치락하다니

아침이면 마음을 다잡고 물레 앞에 앉는 봉황이여

구로舊路

밤이면
강진의 불빛이 먼 걸음하는
구로는 바다 건너 있다
나는 구로에 가 본 적이 없지만
구로가 낳은 성이 김씨인 사내를 알고 있다
하루에 두 차례 어김없이 들고 나는
가차 없는 바다를 보고 자란 그가
인의예지의 달인이라니
그가 인의예지의 달인인 것은
소싯적 그에게 부동화이를 가르쳐
대처로 내보낸 국사봉國祀峯이
계속 밀어주기 때문이라는 소문이다
니는 신독을 가슴에 새기고도
보기를 일삼는데
그는 무얼 가슴에 새겼기에
홀인원을 일삼는가
아침이면
강진의 불빛이 뒷걸음치는
구로는 바다 건너 있다

장포長浦

먼 걸음한 산골물이
강물 구경도 안 해 본
산골물이
처음 바다와 만났을 때
심정이 어떠했을까

내가
장계바다를 만난 뒤
장계바다를 거슬러 올라가
계속 거슬러 올라가
산골물을 만났을 때
산골물 중의 산골물을 만났을 때
산골물을 바라보던
나의 심정과는 정반대였을까

산골물과
바닷물이 만나는 가운데
햇무리,

낯빛이 붉어지는 것을 가려 주다니
처녀막處女膜이 터지는 것을 가려 주다니

먼 걸음한 산골물이
월반越班하듯
강물을 건너뛰어
처음 바다와 만났을 때
심정이 어떠했을까

세심정洗心亭

세심정이 앞바다의
누군가와
눈빛을 주고받고 있다

어젯밤 먼 걸음한 이가
일체유심조의 백련사인지
이용후생의 다산초당인지
세심정이 입을 봉하니 알 수 없다

주작과 덕룡은
너무 멀리 있기에
백련사와 다산초당의 라이벌이 되지
못한다

자주 왕래하던 죽섬이
백련사와 다산초당 눈치보느라
발길을 끊은 지
오래다

지금 세심정이
눈빛을 주고받는 이가
죽섬인지 모른다

백련사와 다산초당 눈치보느라
죽섬이 찾아오지 않으면
누구도 몰래
세심정이 찾아가면 된다

강진도예학교

T.S. Eliot이 목소리 높이지 않아도
모든 예술은 전통과 개인의 재능을
모토 삼아 살아남는데
도예라고 예외이겠는가

도예 장인匠人으로
어디다 명함 내놓기 어려운 세상에
그것도 청자골 강진에 둥지를 틀었으니
살아남으려면
뼈를 깎는 노력을 해야 할 것이다

우리나라 짊어지고 나갈 아이들 길러 내던
저두분교가 탯자리이니
우리나라 짊어지고 나갈 아이들 길러 내듯
도공들 길러 내야 한다

청자장인 이용희 뺨치는
비디오 아티스트 백남준 뺨치는

전통과 개인의 재능으로 살아남는
도공들이 태어나도록
뒤에서 밀어주어야 한다

T.S. Eliot이 목소리 높이지 않아도
모든 예술은 전통과 개인의 재능을
모토 삼아 살아남는데
도예라고 다르겠는가

중저中猪

가우도가 손 내미니
손을 잡아 준 건지
망호에게 빼앗기지 않으려
가우도를 단단히 붙들고 있는 건지

출렁다리가 코 앞인
저두맛집 문화해설사는
경향 각지에서 온 길들
대접하느라 분주하다

반반한 사장나무와
한 번지에 살고 있는 들꽃들이
덩치는 작아도
당당하다

그림 같은 김옥애 문학관
문간 전등에
제비가 집을 짓는데

아무도 말리지 못한다

중저가 손 내미니
가우도가 손을 잡아 준 건지
다들 입을 단단히 봉하니
아무도 알 수 없다

하저下猪

봄날은 간다,
영화에 출연했다고
어깨에 잔뜩 힘을 준 적이 있는데
살구나무 두 그루와
황금빛 보리밭을 지켜 내지 못하다니

그대로 지켜 냈더라면
보리피리로
한하운 시인 불러내고
보리밭 사잇길로 걸어가다가
누군가 부르는 소리에
다들 발을 멈췄을 텐데

되돌릴 수 없는 건 잊어야지
괜히 들먹여 속상하지 않았는지
영화에 출연하지 않았어도
상저는 도예학교로
중저는 출렁다리와 김옥애 문학관으로

잘 나가니

형들인 상저, 중저가 잘 나가면
그대도 잘 나간 거나
다름없으니,
그대도 그냥 배부른 거지

미산尾山

1

골목길에
마당가에

사금파리
사금파리

사금파리는
제 덩치만큼 해와 달, 별빛과 놀고

개밥그릇
개밥그릇

개밥그릇은
해와 달, 별빛이 싹싹 훑어 먹고

2

청잣빛 하늘 아래
청잣빛 바닷가에

미산포구
미산포구

미산포구는
고려왕조 무신정권 뒷바라지하고
임진왜란, 끌려가는 도공들 바라보며
발을 동동 구르고

당전堂前

– 청자의 귀향

세계 곳곳에 흩어져 있는
디아스포라 청자가
귀향을 한다면
당전이 고향인 청자가 가장 많으리
디아스포라 청자를 비롯하여
우리나라에 입양 돼 있는
청자가 고향으로 귀향을 한다면
당전은 청자들로 발 디딜 틈이 없으리
사라진 옛가마터 찾느라 정신없는
청자들을 위해
교통순경들이 투입돼야 하리
그 옛날 해와 달, 별빛과 어울리던
사금파리, 사금파리를 주체하지 못해
가마니 속에 넣어 두었지
암막새·수막새 기와
용마루 기와, 직각 기와의 파편이
양이정 청기와를
당전이 낳은 것을 입증하였지

당당하게 서 있는 저 푸조나무는
청자박물관을 거느리고 있는가
아니면 청자박물관의 보디가드인가
아이들을 품에 안고 놀아 주던
저 개평나무는 아이들 생각에
잠 못 이루지는 않는지
청자가 귀향을 한다면
당전은 청자들로 발 디딜 틈이 없으리

청자박물관

천 년 전 새 울음소리
천 년 전 꽃향기
천 년 전 해와 달, 별빛을
붙들어 두고 있는 것을

귀를 곤두세우고
코를 킁킁거리며
눈을 빛내며
내가 만나고 있는 것을

사라져 버릴 새 울음소리를
사라져 버릴 꽃향기를
사라져 버릴 해와 달, 별빛을
비취빛 그릇 속에 가두어 두다니

단단히 입을 봉한
반반한 저 비색들의 비밀을
깨어진 사금파리가

가르쳐 주었지

새 울음소리
꽃향기
해와 달, 별빛을
붙들어 영원케 하는 것을

강진민화박물관

청자박물관 옆자리에 둥지를 틀려면
청자박물관보다
더 당당하거나
더 반반하거나
아니면 같은 수준은 돼야 할 텐데

강진민화박물관이 청자박물관보다
더 당당하고
더 반반하더라도
기록은 경신되기에
청자박물관이 다 이해할라나

만약 천하제일을 꿈꾸는 청자박물관이
감히 네놈이 나보다 더 멋지게
둥지를 꾸미다니
이게 말이 돼 하며 마음을 좁게 쓰면
집안이 시끄러울 수밖에

청자박물관보다
더 반반하지 못하단 말을
더 당당하지 못하단 말을
듣고 싶지 않은 민화박물관이
청자박물관 정도만 둥지를 꾸미면
청자박물관도 자존심 구기지 않고
민화박물관도 자존심 구기지 않고
서로 좋은 거지

청자박물관 눈치나 보며 살
내가 아니라며
내 하고 싶은 대로 하겠다고
민화박물관이 고집을 부려도
누구도 말리지 못하지만

청자박물관과 민화박물관이
한 배 속에서 태어난 형제이기에
잘난 형을 두어 민화박물관이 덕 보고

잘난 아우를 두어 청자박물관이 덕 보면
이보다 더 좋을 수가

청자박물관 옆자리에서 버티어 나가려면
청자박물관보다
더 당당하거나
더 반반하거나
아니면 같은 수준은 돼야 할 텐데

고바우공원

「모란이 피기까지는」이란 시를
가슴에 간직한 시비의
초롱초롱한 눈빛이
사람들의 발길을 붙든다

솟다리에
일란성 쌍둥이인 벤치 둘이
바다를 바라보며 생각에 잠겨 있다,
서로 저만치 떨어져서

반반하나 이름 없는 정자는
바다가 낳은 섬들과
눈빛을 주고받느라
정신이 없다

분홍나루의 하트 존에
붙들린 노을을 배경으로
젊은이들이
인증샷을 날리고 있다

백사白沙

마을이
몸뚱인 작아도
당당한 것은
눈앞의 비래도 닮아서일 거다

마을 사람들의 꿈이 큰 것은
밀물과 썰물이
오면서
가면서
먼바다 이야기를 해주고 다니기 때문이다

마을 사람들이 꿈만 큰 것이 아니라
그 큰 꿈을 이룬 것은
가차 없는
밀물과 썰물이
무슨 일이든 생각도 중요하지만
실천하는 게 더 중요하다는 것을 가르쳤기 때문이다

다산이
실사구시와 이용후생을 입에 담기도 전에
백사란 이름이 생겨나기도 전에
밀물과 썰물의 가르침을
마을이 하나도 놓치지 않았기 때문이다

마을이
몸뚱인 작아도
다구진 것은
눈앞의 비래도 닮아서일 거다

수동水洞

대구면사무서
반반한
단풍나무 한 그루만 잘 지켜도
성공한 삶이지

초등학교 아이들
따로 가르칠 게 뭐 있나
대구면사무소
반반한 단풍나무처럼
살라 하면 되지

당당하게
품위 있게

황주홍,
이준보,
황택기
모두 다

반반한
단풍나무 보고 꿈을 키웠지

좌우지간
첫째도
둘째도
저놈의 단풍나무를 잘 지키라고

누가 보쌈해 갈까 봐
내가 잠 못 이루다니,
오지랖 넓은

구곡龜谷

토끼들에게
절대로 방문하지 마라고 경계령이
내린 동네가
바로 그대인 걸

구곡에 붙들렸다간
간이 열 개라도
부족하다고
토기들 사이에 소문이 자자해야

길 건너
바다에 나가는데
느려 빠졌다간
도로에서 사고 나기 마련이니
좌우를 잘 살펴야지

등짝이
아무리 튼튼해도

남은 생은 덤이지만
편치 못하단 말이시

토끼들하고
다시는
경주할 생각을 말아야 하지,
한 번 실수는 병가상사이니

토끼들에게
더 이상 놀지 마라고 경계령이
내린 동네가
바로 그대라니까

* 웃자고 쓴 시이니 구곡 주민들은 오해 없기 바란다.

남호南湖

성머리, 남호를 만난 적이 있다

마량미항에서
까막섬에게
뭍으로 올라올 생각을
죽어도 하지 마라고
당부하고
돌아오는 길에 남호를 만났다

남호에 들러
일광욕을 하고 있는
사장나무를 뵙고
발길 닿는 대로 남호와 어울렸다

입을 봉하고 있는
반반한
돌무더기들이
뭔가 비밀을 간직하고 있는 것 같았다

지금 소박하게 살고 있는 남호는
한때 뭔가
큰일을 하였음이 틀림없다

서중書中마을

꿩 먹고 알 먹고 하는 마을이
어촌 체험마을,
서중마을이지

바다가 보이는 풍경길
제1코스에
당당하게 끼여 있는 걸

마량미항→까막섬→만호성→바다펜션
서중마을→외호도→남호마을→마류성→수동마을
청자박물관→당전마을→고바우공원→하저마을
가우도→중저마을

선상 돔형
선상 펜션형
바다펜션의 주인이
서중마을이지

바다 위를 걷는 것이 아니라
바다 위에서 잠을 자다니

통발 낙지 체험
마량미항 선상 체험
바지선 낚시 체험
갯벌 체험
김 체험

마크 트웨인의 톰 소여를 생각나게 하는
마을이 바로
어촌 체험마을,
서중마을이시

* 제2코스 산따라 강따라 가는 길
중저마을 → 매자리 → 장계천 → 봉황옹기마을 → 영동마을 → 구로마을
송산마을 → 삼신마을 → 탐진강 → 목리마을 → 강진오일장시장 →
사의재 영랑생가.

잠 못 이루는 강진만

드러누운 채
이마에 팔뚝을 얹은 가우도가
중얼거린다

– 좋은 것이 나쁜 것이고
나쁜 것이 좋은 것이라더니

불빛 한 점 새어 나오지 않는
역시
이마에 팔뚝을 얹은 죽도가
덧붙인다

– 별밭인 강진의 불빛도 불빛이지만
출렁다리의 불빛도 만만치 않소

이마에 팔뚝을 얹고
저놈의 불빛,
저놈의 불빛 투덜대던 비래도가

어느새 잠에 떨어져
코 고는 소리가
강진만을 들었다 놓았다 한다

자나 깨나
바다의 고삐를 쥐고 있는 까막섬은
마량의 불빛에
비래도 코 고는 소리에
몸을 엎치락뒤치락하고 있다

마량항馬良港

지상에서
가장 아름다운 마구간이다

하루 일과를 마친 해마들이
스스로 고삐를 맨 채
긴장을 풀고 있다

가차 없는
바다에게 거슬리지 않으려
신경 쓴 하루였다

본의 아니게
가차 없는 바다의 비위를 건드렸으나
바다가 눈치채지 못했는지

마구간에 몸을 맡긴
해마들의
생각이 밀고 당기고 있다

제2부 가우도

© 김종식

가우도 출렁다리

가우도駕牛島

가우도는 배가 부르다,
반반한 형제를 두어

죽섬,
비래도,
큰까막섬,
작은까막섬

가우도는 배가 부르다,
어느 날 아침에 자고 일어나니
날개가 달려

비행훈련만 받으면
바다를
활주로 삼아
하늘을 날 수 있으니

큰까막섬과 죽섬은 실을 수 없으나

작은까막섬과
비래도를 싣고
구름 너머까지 다녀올 수 있으니

가우도 팽나무 삼형제

인공 때 폭격으로
가우도 팽나무 삼형제가 죽었단다

형제간 의리의 표상이었던
팽나무 삼형제가 죽자
가우도의 모든 수목들이 식음을 전폐하였단다

기일이
언제인지 알 수 없으나
그날은 모든 나무들이
주문 외우듯 중얼거린단다

同族相殘은 말아야지
同族相殘은 말아야지

인정 없는 바다도
그날만은 종일 중얼거린단다

同族相殘은 말아야지
同族相殘은 말아야지

가우도 항공

가우도에 탑승하면 누구나
물 위를 걷는 꿈을
하늘을 나는 꿈을 이룰 수 있다

탑승객이
저마다 기장이 되어
물 위를
가족과 함께 날 수 있다

죽섬이
비래도가
까막섬이
고금도가
신지도가
약산도가
이정표다

맘만 먹으면

흑산도도
가거도도
제주도도 다녀올 수 있다

가우도는
수상비행기이다

가우도 꿩독바위의자

달빛, 별빛의
바통을 받은

햇빛이 놀고 있는
꿩독바위

그냥 그대로 놔두면
더러워지기에

해와 달, 별빛이
놀다 가는

너도 한 번 앉아 봐라
자리를 물려주며

내 무릎에 앉는
햇빛

너 혼자만 오지 말고
연인과 함께 오라

귓속말하는
햇빛

가우도 폐교 운동기구들

앞에서 끌어 주고 뒤에서 밀며
우리나라 짊어지고 나갈 우리들
냇물이 바다에서 다시 만나듯
우리들도 이다음에 다시 만나세,
노래하고 떠난 아이들이
돌아오지 않으니
궁금할 수밖에

바다는
하루에 두 차례
몰려왔다
몰려가고

큰개불알풀은
코딱지나물은
달래는
냉이는
해마다 얼굴 내밀건만

기다리고
기다려도
이다음에 만나자던
어른이 되었을
아이들이 돌아오지 않으니
포기했다가
다시 기다리고
포기했다가
다시 기다리고

잡풀만 무성한 운동장에
떠나지 못하고
기다리는
가우도 폐교 운동기구들

故 가우도 선착장 후박나무

무릎 꿇고
이배二拜할 수도 없다

상주가 없으니
상심이 크시겠다고
위로의 말 전할 수도 없다

선 채로
목례로 조의弔意를 표할 뿐이다

아직도
잎새가 푸른데
목숨을 잃었다 한다

작년 태풍에 바닷물 몰매를 맞고
장독杖毒으로 죽은
후박나무

죽은 지
얼마 만에 다시 살아날런지도 모른다

詩 영랑나루 쉼터

가우도 둘레길을 만나다가
시심에 젖어 있는
영랑과 부딪치리라고
누가 생각이나 했겠는가

영랑은 시심에 젖어
의자에 앉아 있고
나는 바다에 넋이 빠져
앞을 보지 못했지

엉거주춤하는
나를 의자에 앉혀 놓고
영랑이 직접 들려준
네 편의 자작시

– 누이의 마음아 나를 보아라
– 동백잎에 빛나는 마음
– 내마음 고요히 고운봄 길우에

– 모란이 피기까지는

영랑이 들려주는 네 편의 시를
가슴에 새긴 채
뒤에 오는 사람들을 위해
마지못해 자리를 떴지

가우도 진달래

소월은
영변의 약산 진달래를
나 보기가 역겨워 가시는 이를 위해
아름따다 가실 길에 뿌리오리다,
노래하였지

나는
가우도 진달래를
나 보기가 역겨워 가시는 이를 위해
한 송이 꺾어 책 속에 넣어 주리다,
노래하리

나를 떠난 뒤에도
진달래가 드러누워 있는 책에
귀 기울이면
때론 밀물 드는 소리가
때론 썰물 나는 소리가
들리리

갈매기들의 울음소리도
까치들의 울음소리도
들리리

나를 떠난 뒤에도
진달래가 드러누워 있는 책에
코를 쿵쿵거리면
갯내도 나리

나는
가우도 진달래를
나 보기가 역겨워 가시는 이를 위해
한 송이 꺾어 책 속에 넣어 주리다,
노래하리

가우도 출렁다리

누구는
팔 벌리고 있는 허수아비라 하고

누구는
망호와 중저가 줄다리기하고 있다고 하고

누구는
날개를 단 수상비행기라 하고

누구는
멍에를 씌웠다고 하고

누구는
프로메테우스처럼 쇠사슬에 묶였다 하고

가우도 대나무 숲길

가우도 허리띠인 둘레길을 完走하다가
대숲을 만났지

내 눈빛이 때를 만난 듯
대숲을 나는 거 있지

와호장룡의 주윤발을
손오공을
홍길동을
뺨치는 것을

피곤하면
내 눈빛이 까치의 날개에 묻어
대숲을 나는 거 있지

내 입술은 만파식적萬波息笛을 꿈꾸는데
내 눈빛은
대숲을 나는 기 있지

가우도 왜가리

왜가리하면 내 머릿속에는
죤 스타인벡의 『생쥐와 人間』에 출연한
잠망경처럼 고개를 꼿꼿이 세우고
강물을 거슬러 가는
물뱀을 잡아 물고 강 건너 숲으로 날아가는
왜가리가 첫 번째인데
가우도에서 왜가리를 만나다니

왜가리하면 내 머릿속에는
유치면 금사리 마을의
탐진강 민물고기로 생계를 유지하는
왜가리가 두 번째인데
가우도에서 왜가리를 만나다니

왜가리하면 내 머릿속에는
무안 용월리 저수지에 물고기로
끼니를 때우는
왜가리가 세 번째인데

가우도에서 왜가리를 만나다니

가고 싶은 섬, 가우도에 사는
왜가리는 무엇으로 사나
뭐라고 먹는 것만으로
사는 게 아니라고

가우도 한옥펜션

왕후장상王侯將相의 씨가 따로 있는 게 아니라 해도
누구든
가우도 펜션에 묵는다면
신분이 높은 댁에 머물고 싶으리

참판參判
정승政丞
진사進仕
어사御使
대감大監

순서가 어찌 되는지
누구 아는 사람 없나

공렴公廉을 모토로
어사 노릇 똑바로 했다가
서용보에게 찍혀
유배를 당한 다산을 생각하면

어사御使댁만은 피하고 싶은 것을

암행어사暗行御史 출두하면
잠 못 이루고
또 끌려갈 수도 있으니
어사실御使室만은 피하고 싶은 것을

높이 나는 새가 제일 멀리 본다더니
언덕 위
제일 높은 곳
대감댁엔
망원경까지 준비되어 있어야

순서가 어찌 되는지
누구 아는 사람 없나

밀물펜션

가우도 출렁다리 어깨 너머
비래도가 얼굴 내밀고
코앞에 꿩독바위가 얼굴 내미는
언덕에
둥지를 틀었지

진달래빛 노을이
뒷걸음치는 모습을
노을의 이마가
사라지는 모습을 엿볼 수 있지

주먹만 한
밤하늘의 별들이
좀 더 가까이서 보려고
고개를 내미는
밀물펜션

바다 건너

다산초당도
백련사 토굴도
일박을 하고 갔지

제3부 귤동팔경橘洞八景

© 김종식 강진만 일출

계량명조桂梁鳴潮

숨을 쉬느라
고개를 들었다
고개를 숙였다
어깨동무하고 몰려오던 물결들이

눈앞에 보이는 게
아무것도 없다는 듯이
일사불란하게
어깨동무하고 몰려오던 물결들이

뭍으로 오르지 못해
뭍으로 오르지 못해
포기하고 돌아서는 것은 아니어야

속력을 내느라
엉덩이가 치솟았다
엉덩이가 내려갔다
어깨동무를 풀지 않고 물러가는 물결들이

급한 일이 있어도
아무리 급한 일이 있어도
일사불란하게
어깨동무하고 물러가는 물결들이

* 계량명조桂梁鳴潮 : 해창의 썰물 모양.

죽서귀범竹嶼歸帆

조선왕조 오백 년에 출연한
죽섬을 배경으로 돌아오는 저 배가
채우고 돌아오는지
비우고 돌아오는지

지금 돌아오는 저 배가
채우고 떠났다면
비우고 돌아오겠지

지금 돌아오는 저 배가
비우고 떠났다면
채우고 돌아오겠지

지금 돌아오는 저 배가
떠날 때 채운 걸 비우고
다른 걸 채워 돌아올 수도 있지

지금 돌아오는 저 배가

비우고 떠났어도
채우지 못하고 돌아올 수도 있지

봉황이 쳐다보는 가운데
죽섬을 배경으로 돌아오는 저 배가
채우고 돌아오는지
비우고 돌아오는지

* 죽서귀범竹嶼歸帆 : 칠량 앞 대섬의 돛배.

사봉제월沙峯霽月

금사봉이 달을 낳으니
질세라
구강포도 달을 낳은 것을

금사봉이 달을 낳으니
여기저기
산봉우리들의 입이 벌어지는 것을

벌어진
산봉우리들의 입이
다물어지지 않는 것을

금사봉의 달과
구강포의 달 사이
귀소歸巢하는 기러기 떼 좀 봐

일사불란한
갈대들은

달빛을 나눠 가지는 것을

* 사봉제월沙峯霽月 : 군동 금사봉의 떠오른 달.

천태만운天台晩雲

구름들이
가까이서 내려다보니
천태산이 딴짓을 못하지

천태산이
구름들의 눈 밖에 난 짓을 했다간
곧장
입방아에 오를 테이니

천태산이
가까이서 올려다보니
구름도 딴짓을 못하지

구름들이
천태산의 눈 밖에 난 짓을 했다간
곧장
입방아에 오를 테니

모르는 소리 마라고
모르는 소리 마라고

천태산이 하는 짓을
구름들이 눈감아 주고
구름이 하는 짓을
천태산이 눈감아 주는 것을,
저물녘이면

* 천태만운天台晩雲 : 정수사 뒷산 천태봉의 해 질 녘 구름.

용포어화龍浦漁火

반딧불도 아닌
도깨비불도 아닌 저것은
잠 못 이루는
바다의 적인가 동지인가

달이
별들이
내려다보는 가운데
어둠과 하나 된 바다에서
살아 숨 쉬는
저 불빛들

아무리 외로워도
바다가
저 불빛들을 불러낼 리가 없지

형설의 공을 낳은
반딧불은 살아남고

도깨비불은
서낭당과 함께 사라졌지

반딧불도 아닌
도깨비불도 아닌 저것은
어둠과 하나 된
바다의 적인가 동지인가

* 용포어화龍浦漁火 : 도암 용산리 앞바다 고기잡이 불.

우도취연牛島炊煙

강진이란 소의
멍에인
가우도

저물녘
밥 짓는
연기

입맛 다시는
죽도,
비래도

덩달아
입맛 다시는
달

코를
킁킁거리는

개밥바라기

* 우도취연牛島炊煙 : 가우도 밥 짓는 연기.

다산청람茶山晴嵐

다산초당과 동향인
저것들이
논어, 맹자를 떼었을라나

논어, 맹자는 차치하고
저것들이
아학편과 제경은 떼었을라나

사자소학과
추구집은
저것들이 떼었을라나

저것들이
이용후생을 알 리가 없지

저것들이
실사구시를 알 리가 없지

진득하지 못한
얼굴만 반반한 저것들이
무엇 하나 제대로 떼었을 리가 있나

* 다산청람茶山晴嵐 : 다산초당의 아지랑이.

관악적설冠岳積雪

누군들
흰 옷 입고 싶지 않으리

누구보다 먼저
누구보다 오래
흰 옷 입는 것을 즐기는
천관산

누구보다 먼저
누구보다 오래
천관산에 머무르고 싶어 하는
눈

천관산 바위의 소망을
하늘이 들어주었나

누군들
흰 옷 입고 싶지 않으리

* 관악적설冠岳積雪 : 천관산에 쌓인 눈.

제4부 비 내리는 동암東菴

© 김종식 다산초당

백련사 동백숲

백련사 동백숲에서 동백나무를 만날 때마다
나를 따라오는 것을 말리느라
애를 많이 먹었는데
그게 나한테만 있는 일이었나 보다

백련사 동백숲을 피하여
만경루를
대웅보전를 뵙고 오는 것이 불가능하여
백련사 동백숲에 들를 수밖에 없는데
잘난 구석 하나 없는 나를
동백나무 중에 몇 그루가 꼭 나를 눈독들인다

돌아가는 길에
백련사 입구에서
하염없이 나를 쳐다보는 동백나무를
돌려보내고 돌려보내고 하는데
이 짓도 더 이상 못할 짓이다

오늘은
백련사 동백숲에 들렀더니
예나 다름없이
백련사 초입까지 나를 따라오더니
배웅하고 돌아간다

뻐꾹새와 소쩍새

– 백련사 무문관에서

주간학교 다니는
놈은
즐겁게 노래하던데

뻐꾹
뻐꾹
뻐꾹
뻐꾹

야간학교 다니는
놈은
서럽게 노래해야

소쩍
소쩍
소쩍
소쩍

동백꽃똥구멍쪽쪽빠는새

백련사 동백숲의 동백나무들은
예나 지금이나 내가
동백꽃똥구멍쪽쪽빠는새라는 걸
다 알고 있다

몇 해만에 들렀더니
반반한 일주문이 버티고 있고
당당한 해탈문이
사천왕이 입주하기를 기다리고 있다

큰일났다. 이제 맘대로
동백꽃 똥구멍 쪽쪽 빨지 못하게 되었으니
동백꽃 똥구멍 쪽쪽 빠는 소리가
사천왕의 귀에 거슬릴 테니

백련사 동백숲 해탈문에
사천왕이 입주하기 전에
맘껏 동백꽃 똥구멍 쪽쪽 빨아야지,
이 봄이 가기 전에 몇 차례 더 와야지

소리꽃 세상

– 백련사 뒷산과 동백숲에서

뻐꾹
뻐꾹
뻐꾹
뻐꾹

홀딱 벗고
홀딱 벗고

구
구
구
구

꿩
꿩
꿩
꿩

게이
게이

꾀꼴
꾀꼴
꾀꼴
꾀꼴

그중에 제일은 누구인가
그건 정당하지 못하니
분야별로 순위를 매겨야지

백련사와 다산초당

술잔을 주거니 받거니 하듯
시를 주거니 받거니 하듯
오솔길을 주거니 받거니 하며
백련사와 다산초당의 왕래가 잦았지

요즘은 불사를 하느라
백련사가 정신이 없기도 하지만
한때 백련사가
다산초당에게 등을 돌렸지

백련사가 등을 돌린 이유가
무엇인가 밝히지 않으니
그 많은 동백나무들이
일사불란하게 입을 봉하니 알 수 없지

유불선의 달인인 다산초당 동암에게
백련사 아암 혜장이 넘어가
술로 몸을 망쳐 생을 마쳤기에

다산초당을 경계하였나

무담시 다산을 만나가지고인가
무담시 머리를 깎아가지고인가
아암 혜장의
무담시는 해석하기 나름이여

일지암 초의는 다산초당 동암과
이따금 함께하였어도
끄떡없었던 것은
아암 혜장의 선례를 따르지 않기 위해서였지

불사가 끝니면
정신 차린 백련사와 다산초당이
오솔길을 주고받겠지
일체유심조一切唯心造, 불변의 진리 아닌가

뻐꾹·찔레차

– 해월루에서

내 마음의 항아리에
달빛, 별빛으로 발효시킨
뻐꾹새 울음소리와
찔레꽃 향기를 재료 삼았지

혼자서만 누리기가
거시기하니
누구든지 누릴 수 있도록
다제법을 알려 주지

– 따뜻한 물 2/3 컵,
– 뻐꾹새 울음소리 한 스푼,
– 찔레꽃 향기 한 스푼

이미지가 떠오르지 않을 때
상상력이 고갈될 때
뻐꾹·찔레차를 마시면
효과가 만점이지

중독성은 있으나
부작용은 없는데
'내 마음의 항아리' 를 마련하기가
쉽지 않지

늦봄문익환학교

– 신랑이 신부의 방을 찾듯 감옥에 가라(간디)

우리나라 짊어지고 나갈 아이들
길러 내느라
고민이 깊다

하얼빈에서 이토 히로부미를 저격한
안중근 의사가 사격 연습을 한
북간도 용정촌이 고향인
늦봄 문익환의 이름으로 세상에 태어났으니
이름을 더럽혀서는 안 된다

하늘을 우러러 한 점 부끄러움이 없기를
잎새에 이는 바람에도
괴로워했던 윤동주의 친구인
늦봄 문익환의 이름으로 태어났으니
이름을 더럽혀서는 안 된다

안중근 의사와
윤동주 시인의 이름을 팔지 않더라도

통일과 평화의 상징인
늦봄 문익환의 이름으로 태어났으니
이름을 더럽혀서는 안 된다

백련사와 다산초당이 지켜보는 가운데
우리나라 짊어지고 나갈 아이들
길러 내느라
고민이 깊다

다산기념관

다산기념관은 여유당與猶堂이다

다산초당 뵈러 갈 때마다
나의 발목을 붙들고
나를 가르친다

– 여유,
여유만이 살 길이다

– 다산이 일찍 여유를 깨우쳤더라면
다산은 유배는 면했을 것이다

– 여유,
여유를 생각만으로 그치지 말고
실천하라

다산의 生을
다이제스트판으로 보여주면서

가르친다

– 여유,

여유만이 살 길이다

다산기념관은 내 生의 멘토이다

* 여유당與猶堂 : 다산은 "겨울 내를 건너듯 신중하게 하고, 이웃을 두려워 하듯 경계하라."는 노자의 말을 빌려 당호를 '여유당'으로 하였다.

비 내리는 동암東菴

비가 내려 사람 발길이 뜸한 날
동암 뵈러 갔더니
날씨도 궂은데 무슨 일이냐며
마루에 앉혀 놓고 귀띔해 주신다

주변에 아무도 없는 걸 확인한 뒤
동문수학하던 이기경이, 홍낙안이
자신에게 등 돌리리라고 생각이나 했겠냐며
가까운 놈을 조심하라 하신다

본인이 정조의 사랑을 받아
의기양양하게 보여
남들의 오해를 샀는지 모르나
그것만이 전부가 아니란다

공렴公廉에 목숨을 걸어
서용보를 단죄한 것이
이 지경에 이르렀지만

절대 후회하지 않는단다

가까이서 발자국 소리가 들리자
입을 봉封하시는 동암의 말을
가슴에 새기며
발길을 천일각으로 옮긴다

배롱나무를 위하여

– 만경루 앞마당

만경루 앞마당 배롱나무와
백련사 동백숲 동백나무 전부하고도
바꾸지 않겠다고 하면
백련사가 발칵 뒤집히겠지

이런 치욕이 어딨냐며
이런 모욕이 어딨냐며
자존심이 구겨진
동백나무가 들고 일어나겠지

이놈의 입을 잘못 놀렸다간
그것이 사실이라 할지라도
일주문 밖을 아니 해탈문 밖을
못 벗어나고 맞아 죽겠지

만경루 앞마당 배롱나무를 위하여라도
입을 봉해야지
나만 살아남지 못하는 것이 아니라
배롱나무도 살아남지 못하니

정석丁石

바위에도
이목구비가 있는 걸
몰랐단 말인가

바위에도
가슴이 있는 걸
몰랐단 말인가

바위에도
팔다리가 있는 걸
몰랐단 말인가

바위에도
배꼽 아래가 있고
엉덩이가 있는 걸

바위가
이를 악부는 걸
몰랐단 말인가

뿌리

– 다산초당 가는 길

오르내리는 발길들이
대지의 살점을
한 점 두 점 떼어 낸 지 오래됐지

가까스로 남은 살점도
한 점 두 점 발라내니
대지의 살점이란 살점은
머지않아 하나도 안 남을 것 같아야

삼정의 문란으로
피골이 상접한 세상과 붕어빵이어야

대책을 세워야지,
대책을 세워야지

그냥 그대로 놔두었다간
뼈만 남은 저것들이
들고 일어날 게 불 보듯 뻔한 것을

나도 모르게 떼어 갔다는 말도,
정말 몰랐다는 말도
안 통하지

다산초당 가는 길 은행나무의 혼잣말

– 홍임모녀

강진 女子 건들어
애까지 낳았으면
끝까지 책임질 일이지

홍임모녀
쇠내에서
귤동까지
되돌아왔을 때
내 가슴도 찢어지고 남았지

두물머리와
구강포는
언제나
서로 위로하는데
이놈의 인간들의
질투는
시샘은

실학의 주춧돌, 동문매반가
못지않게
다산초당을 뒷바라지한
남당포댁이
푸대접을 받다니

마누라 하나 못 잡은 이가
마누라 하나 못 잡은 이가

번암 채제공의 뒤를 이을
정헌 이가환의 뒤를 이을
재상감이었다니

조선실학을
집대성하였다니

다산초당 가는 길에 만난 우물

지금은 별로 대우받지 못하는
이 우물이
한때 조선실학을 집대성하는 데
일조하지 않았을라나

이 우물이
조선실학을 집대성하는 데
일조하였을라면
나이가 이백 살은 더 먹었어야 하지

나도
다산초당 오르락내리락하며
이 우물에게
신세를 진 게 한두 번이 아닌데

병아리도 물 마시고 고갤 쳐들고
사람도 물 마시고
고갤 쳐든다는 것을

이 우물이 내게 가르쳤지

만물의 위치가
구조적으로 같다는 것을
레비스트로 아닌
이 우물이 내게 가르쳤단 말이여

지금은 제구실 못하는
고장난 이 우물이
한때 조선실학을 집대성하는 데
일조하지 않았을라나

고사동 윤용씨댁 유자밭

청산남유록青山南遊錄의 후손
고사동 윤용씨댁 유자밭에
유자꽃이 일제히 고개를 내밀었다

다산초당이 통째로
작은 언덕 길 넘어와
유자꽃에 코를 킁킁거린다

한시도
실사구시를 이용후생을 잊어본 적이 없는
동암이, 서암이, 천일각이
이 순간만은 잊는다

뒤늦게 합류한
자세를 흐트린 적이 없는
다산기념관도
이 순간만은 자세가 흐트러진다

머지않아
꽃 진 자리마다
달빛 수장고가 들어설
유자꽃에 다들 코를 처박는다

꿈에 본 만덕호

다산초당의 낯짝이 반반하다 했더니

백련사의 낯짝이 반반하다 했더니

해월루의 낯짝이 반반하다 했더니

다산기념관의 낯짝이 반반하다 했더니

만덕호 호숫가에 갈대들의 생각이 깊다 했더니

누구에게 유불선을 다 깨우쳤나 했더니

다들 이곳에 모여

밤 깊도록 세상사를 논하고 있다니

만덕호 갈대

호수는
캔버스다

누군가가
그려 놓은 그림을
갈대들이 들여다보며 속삭인다

유화도 아니고
한국화도 아니고
수채화다

아니다
아니다

수채화가 아니고
데칼코마니다

제 모습들이 그려져 있는 걸 보고
갈대들이 속삭인다

베이스볼 파크에서

인간은 패배하기 위하여
만들어진 게 아니라고
나를 가르친 산티아고는
조 디마지오의 열렬한 팬이었는데
나는 누구의 팬일까

류현진
추신수

산티아고는
마르린 몬로와 한때 열애를 한
조 디마지오를
집채만 한 다랑어와
사투를 벌이면서도 떠올렸지

연애 한 번 해 본 적 없는 나는
생의 전선에서
바닥권을 행보하면서

누구를 떠올릴까

이승엽
강만수

더더욱
삶이 야구라면
나의 포지션은 어디일까

농어바우

다산이 시름을 달래는 데
그대가 일조했다며

다산이 그대와 함께
죽섬과
눈빛을 주고받다가 돌아갔으니
일조한 거지

죽섬이 그대에게 눈빛을 준 건지
다산에게 눈빛을 준 건지
자꾸 헷갈리는 건
내가 옆에서 보지 않아 그렇지

다산이 자리를 뜬 뒤
그대와 둘이 눈빛을 주고받았다면
그대에게 눈빛을 준 거지

어촌 사람들은 복어만 좋아하고

농어는 몽땅 털어 술과 바꿔 마신다, 라고
탐진어가에 남긴 것에
불만이 많다며

그대에게 신세를 진 다산이
그대를 폄하할 리가
공렴의 달인인 다산이
사실대로 말했을 뿐이여

좌우간
다산이 시름을 달래는 데
그대가 일조한 건 사실이여

용산龍山

목포에서 KTX에 몸을 맡기면
서울 용산에 도착한다

해창에서 강진만 열차에 몸을 맡기면
송학 지나 용산에 도착한다

KTX는 고속열차이고
강진만 열차는 완행열차이다

강진만 열차가
죽도에 한눈팔며
용산 지나면 망호이다

서울 용산은 종착역이나
도암 용산은 간이역이다

망호,
신기,

논정 간이역 들을 지나
강진만 열차는
사초리 종착역에 다다른다

도암 용산은
간이역이다

망호望湖

가고 싶은 섬,
가우도 아우를 잘 두어
그대도 이름을 날리게 되었다

뱃길로만 만나던 저두를
가우도 둘레길로
마실만 나가도 만날 수 있다,
이보다 더 좋을 수가

한때 돌보느라 힘들었던
분가한 아우 가우도가
출세하는 바람에
형인 망호도 호강하게 생겼다

가고 싶은 섬,
가우도 아우를 잘 두어
망호도 팔자 고치게 생겼다

송학松鶴

가우도 출렁다리 붙들고 있느라
정신없는 망호와
고니 떼 돌보느라
정신없는 해창 사이 송학은 있다

송학은 화투花鬪에게 물어보나 마나
일몰이 아니라
일출이기에
맛보려면 민박을 해야 한다

소나무는 있으나
학이 없으면
차선책으로
가우도 왜가리로 대체하면 된다

금사봉이 해를 낳는 것을
송학이 지켜보는 것을
신금릉팔경의 하나로 삼아도
이의를 제기하는 강진만은 없을 것이다

월곶

월곶,
월곶

어디서 많이 들어 봤다

어디서 많이 들어 봤더라

그렇지,
그렇지

다산이 고사골과 함께
조석루 만나러 갈 때
잠시 쉬어 가던 곳이다

고사골과 함께
명발당 만나러 가는 나도
잠시 쉬어 가야지

월곶,
월곶

누구나 다 들어 본 것은 아니다

다산에 미친 자들이나 들어 보지

명발당明發堂의 봄

백련사는 불사 중이라 함께 가지 못하고
다산초당과
고사골과 석문과 함께
명발당을 만나러 왔다

무학중사無學中事를 선점하고 있던
봄꽃들이
우리를 보고 화들짝 놀라
자리를 내어 준다

다산초당과
고사골과
내가 시회詩會를 여는데
조석루朝夕樓와 청라곡青蘿谷이 달려온다

어디서 소식을 들었을까
누가 소식을 전했을까
누가 소식을 전하지 않았어도

다들 발걸음을 재촉한 것일까

모두 다 함께 앉아
주거니 받거니 시를 읊는다,
눈빛으로

* 명발당明發堂 : 해룡공海龍公 윤광택尹光宅(1732~1804)의 당호이다. 윤광택의 아들이 윤서유이고 손자가 윤창모이다. 다산은 친구 윤서유의 아들이자 자신의 제자인 윤창모에게 딸을 시집보냈다. 명발당은 윤창모가 살던 곳으로 방산 윤정기를 잉태하였다.

** 무학중사無學中事 : '학문을 하지 않으면 도중에 기운다.' 는 뜻이다.

논정論亭

논정,
논정은 무얼로 살아 숨 쉬는가

송학, 용산, 망호 그리고 사초와
무엇이 다르고
무엇이 같은가

저 갯벌에
저 바다에
신세지고 그저 살아가는가

아니면
큰 꿈을 가슴에 새기고
그 큰 꿈을 실현하려
낮에는 고기를 잡고
밤에는 책을 읽는가

논정,

논정은
송학, 용산, 망호 그리고 사초와
무엇이 다른가

영동농장

『사막에 승부를 걸고』,
『끝없이 도전하고 아낌없이 나눠라』가
나는 이 나이 되도록
무엇하고 살았냐며
나를 반성하게 한 적이 있지

반성하느라
밤잠을 이루지 못한 내가
作心三日,
그걸 망각하고 살다가
강진만 둘레길에서 영동농장을 만났네

등록금이 없어 고향을 등진
미군부대 하우스보이가
생의 발목을 잡던 일들 다 떨쳐 버리고
사막에서 꿈을 일구어
영동농장을 낳다니

언어의 텃밭을 일구어
자급자족도 못하는
파산의 위기에 처한 내가
또다시 반성하느라
오늘밤 잠 못 이룰 일 생겼네

내 삶의 불행의 씨앗인 시작詩作을
오늘 밤부터라도 때려치우고
영동농장을 멘토 삼아
새로운 일을 하고 싶은데
이순의 강을 건너 버렸으니

사초沙草

저 다구지고
야무진
비래도가 누구 것인가

사내호의
반이
누구 것인가

저 어깨가 딱 벌어진
주작과 덕룡이
누굴 위하여
뒤에서 버티고 있는가

꼬막, 조개, 개불,
낙지, 망둥어, 숭어, 전어가 살아 숨 쉬는
저 바다가
하루 두 차례
누굴 위하여

왔다 갔다
생고생을 하는가

복伏섬

내 앞에서
끼륵끼륵
말 붙이는 저 갈매기가
강진만 갈매기가 맞지

좌우지간 갈매기들이
내 앞에 누워 있는 섬을 보고
나의 의사를 묻는다

– 솥뚜껑 닮았지
– 솥뚜껑 닮았지

내 눈에는
배가 부른 여자가 아니라
배가 부르기 시작하는 여자가
누워 있는 것 같은데

누구도 자기 말에

이의를 제기하면 싫어하는 세상이니
그렇다고 대답해야지

– 대체로 솥뚜껑 닮았네
– 대체로 솥뚜껑 닮았네

* 복伏섬 : 엎드려 있다는 의미로 복섬이라 하였다.

사내호沙內湖

사초리와 내동이 함께하여
태어났지,
그러니까 해남과 강진이 사돈 간이여

사초리 개불도 끝내주지만
사초리 낙지도 끝내주지만
일망대해 아니어도
그대도 끝내주는 것을

저 멀리 위세 당당한 두륜산이
나에게 눈빛을 보내니
내 눈빛이 두륜산에게 도달할지
의문이지만
나도 눈빛을 보낼 수밖에

강진만 갈매기도
우편배달부처럼 이곳을 오가며
강진 소식을 전하고

이곳 소식을 강진만에 전하는 것을

어깨동무한 바다의 갯내음도
싫은 내색 않는 그대는
聖者여

신기新基

저놈의 갯벌은
저금통이다

아껴 놨다 트면 돈이 쏟아진다
그것도 사정없이

앉은 자리에서
한 바퀴 돌면
다라에 꼬막이 어느새 만원이다

꼬막은 등록금이 되고
꼬막은 하숙비가 되고
꼬막은 혼숫감이 되고

신기하지 않은가
신기하지 않은가

저놈의 바다는
화수분이다

장도將島

'한때 그리도 빛나던 영광' 이란
말을 써도
아무런 부족함이 없는 이가
그대이지

그대가
힘 실어 줘
청해진 대사 장보고가
한중일 삼국의 해상왕海上王이 된 거라고

우두봉과
구강포가 함께하여
그대를
낳았지

지금은 분가分家하여
완도가 맡았지만
구강포의 섬들과 형제간이여,
그대는

김재석

1955년 전남 강진에서 태어나 1982년 전남대학교 영문과를 졸업하고 2002년 목포대학교 국문과 박사과정을 수료했다. 1990년 『세계의문학』에 시로 등단했으며 2008년 유심신인문학상 시조부문(필명 김해인)에 당선했다. 시집으로 『까마귀』, 『샤롯데모텔에서 달과 자고 싶다』, 『기념사진』, 『헤밍웨이』, 『달에게 보내는 연서』, 『목포자연사박물관』, 『백련사 앞마당의 백일홍을』, 『강진』, 『조롱박꽃 핀 동문매반가』, 『목포』, 『강진시문학파기념관』, 『무위사 가는 길』, 『그리운 백련사』, 『마량미항』, 『당당한 영랑생가』, 번역서로 『즐거운 생태학 교실』 시조집으로 『내 마음의 적소, 동암』, 『이화』, 『별들의 사원』, 『별들을 호린다고 저 달을 참수하면』, 『고장난 뻐꾸기』, 『큰개불알풀』, 『다산』, 『만경루에 기대어』, 『구강포』가 있다. 목포 마리아회 고등학교에서 영어교사로 삼십 년간의 교직 생활을 마치고 전업시인으로 활동하고 있다.

e-mail crow4u@hanmail.net

그리운 강진만

초판1쇄 찍은 날 | 2015년 4월 21일
초판1쇄 펴낸 날 | 2015년 4월 24일

지은이 | 김재석
펴낸이 | 송광룡
펴낸곳 | 문학들
등록 | 2005년 8월 24일 제2005 1-2호
주소 | 501-841 광주광역시 동구 천변우로 487(학동) 2층
전화 | 062-651-6968
팩스 | 062-651-9690
전자우편 | munhakdle@hanmail.net

ISBN 978-89-92680-23-3 03810

· 사진 자료는 강진군청 기획홍보실과
문화관광과로부터 지원 받았습니다.